Gone to Earth
Gréagóir Ó Dúill

Published in 2005
by The Black Mountain Press Ballyclare

Text copyright © Gréagóir Ó Dúill, 2005
Translations copyright © Bernie Kenny, 2005

The Black Mountain Press gratefully acknowledges the financial assistance
of Awards for All Northern Ireland and Antrim Borough Council

ISBN: 0-9537570-7-2

Layout by Tonic Design

Cover design by Andrew Henry

Gone to Earth Gréagóir Ó Dúill

selected and translated from the original Irish by
Bernie Kenny

CONTENTS

CONTENTS

Seasamh Fóid

Tá an fód ag imeacht ina luaithreach,
Ó dhonn go bán,
Ach las sé, las, is dhóigh ar feadh i bhfad,
Agus théigh.
Ag tiontú ina luaithreach bán
Ón chraiceann isteach,
Tá fionnadh air, nó féasóg seachtaine ar ghiall teann seanduine
Agus imíonn an crot deimhin dronuilleogach sin
Ba fhianaise ar scil na bhfear.
Is imíonn na poill a d'fhág an píce
Ba fhianaise ar a neart.
Tá bealóg ann, domhain, dearg, nimhneach.
Char thréig na déithe teallaigh go fóill an áit seo.
An dul ó sholas, nach sin an t-am
Do leannáin, don phleanáil, don oiliúint faoi rún,
Don fhilíocht?

Perseverance

Turf-sods collapse to ash,
brown burns to white
but lights,
burns a long while
and gives out heat.

Crumbling inwards from grey skin,
as stubble on an old man's jaw,
that rhomboid cut of sleán's clean skill,
graip thrust and strong arm lift
is gone.

In the rubble a fissure glows blood-red, deep.
The hearth-gods have not departed,
dusk is their time,
a time for lovers, planning, secrets,
poetry.

Sionnach

Tráthnóna beag, siúlaimid i dtreo an tábhairne,
Blianta ár gcaidrimh mar chraiceann tiubh ar chomhrá.
Dul ó sholas, agus scáileanna ar thalamh,
Bícearnach codlatach éan, anonn is anall na n–ialtóga.

Chím é, ag siúl na seaniomairí fada, é íseal, ceart,
Trasna ó chlaí go claí, ar a choimhéad ach ag seilg: sionnach.
Imíonn díreach, gan mhoill gan deifre, ar chosa tapa,
Smut íseal, eireaball ag scuabadh drúchta. Stánaimid.

Baineann sé amach an t–ard beag, tiontaíonn,
Amharcann siar orainn faoi amhras, rian den dúshlán ann.
Fios aige nach aon díobháil sinn, téann faoi thom.
Pógaimid. Athraíonn mian. Fillimid ar theach.

Fox

At twilight we walk towards the pub.
Our years together add facets to the conversation.
Light fades, shadows lengthen on the fields,
birds bicker, bats bolt by.

We see him, lowslung,
course the lazybeds
from hedge to hedge, hunting on the run,
quick legs at even pace,
nose down, tail brushing dew.
We stare.

From a small height, he turns
to look back at us, unsure, a taste of challenge,
knows we are no threat,
goes out of sight under a whin.

Standing, we kiss, and our desire
sends us back the small road to the house.

Coinnle Samhna

I gcuimhne ar Ken Saro-Wiwa agus ochtar eile Ogoni
a crochadh sa Nigéir 10 Samhain 1995

Seasann coinneal idir gach spíce, agus thíos ag cois an bhalla
Tá praiseach solais de choinnle ag dó,
Geal agus dearg, buí agus ómra, gorm agus dubh,
Beag ramhar, ard tanaí, cornta casta,
Coinnle altóra, coinnle Nollag, coinnle déanta grá, coinnle beaga seomra
luí linbh,
Cuid i bprócaí, cuid ina seasamh saor, iad ag dó
I gcomhcheilg chiúin le haimsir seo gheimhreadh Éireann.
Tá gort de bhlátha solais, de nóiníní Nollag
De bhladhmanna beaga gáis, de chúr miontonnta
Ag creimeadh an bhalla, balla seo na hAmbasáide.
Cogarnaíol de phaidrín páirteach ag na coinnle os comhair na
hAmbasáide.

Shleamhnaigh na giollaí amach i ndiaidh meánoíche,
Mála dubh plaisteach ag gach giolla, is rug ar shiúl
Na coinnle, na prócaí sin a scoilt, a lúb, a leáigh faoin teas.
De shiosal is de chasúr ghlanadar go healaíonta an chéir
A leáigh le spící, le balla, le casán, an chéir a leáigh,
A d'éalaigh ina línte, ina linnte, ina slaoda, ina srutha,
An chéir a rith, a chruinnigh, a chruaigh.
Bhaineadar de shiosal í.

Ar maidin is léir míéifeacht a gcuid oibre
Nó tá coinnle is blátha is céir uilig glanta as radharc
Ach síneann rian na toite soiléir ar an bhalla
Ag déanamh a bhealaigh éiginnte in airde go deimhin
Agus tá lámha spréite na nduilleoga cnó capaill ar an talamh
Ina gcuimhneacháin ar an chroch,
Ina ngeallúint ar choinnle a chrochfar ag maisiú gach crainn, teacht an
earraigh.

Candles in November

in memory of Ken Saro-Wiwa
and eight other Ogoni hanged in Nigeria 10 November 1995

Between the spikes of the railings, candles stand,
and at the foot of the wall
candles blaze a medley of light:
yellow, blue, amber, black, red and white,
small and squat, tall and thin, or spiral,
altar candles, Christmas candles, candles for love-making,
night lights for children's bedrooms.

Some are in jars, some free-standing, all are glowing,
the wind is still, in solidarity,
and smell of wax and wick hangs on trees.
A field of radiant flowers, Christmas daisies,
a hiss of blue-green gaslight, seas of spluttering flame
erode the wall of the Embassy,
each candle muttering a prayer.

After midnight, porters with black plastic bags
creep out to take away the candles and jars
that split and bent and melted in the heat.
Hammer and chisel chip away
wax stuck fast on wall, on rail, on path,
wax in streaks, in pools, in layers,
wax which ran and massed, skinned and hardened.

Morning shows their work has been in vain.
Though candles, flowers and wax are gone
smoke stains are livid on the wall,
and, on the ground, the outstretched hands of
fallen chestnut leaves remind us of the cross,
promise candles on each tree in spring.

Mochéirí Meithimh

Dá mhoiche a éirím, tá cneá geal
De ghail bhreosla eitleáin síoctha ar aghaidh na spéire
Agus éanacha dubha creiche ag cuntas na gcaoirigh.

Dá luaithe a scaipeann an drúcht, beidh fuacht faoi chois
Agus meirg bheag rua ar fhaobhar na n-acraí nár bhailigh mé isteach
aréir.
Tá tais, éadaí na líne ag crochadh leo faoi ghrian mochmhaidne.

Dá chiúine an mhaidin, ní fada go mbíonn
An chéad tarracóir ag trupáil chun an phortaigh,
Cliabh de thrucail fholamh ag bualadh ar a chúl.

Suím ar bhinse na binne. Siúlann giorria óg
Anuas an mhala fá thrí shlat díom. Geiteann na caoirigh siar uaidh.
Ní chorraím. Braithim. Sin a bhfuil ann.
Is é sin mo dhán.

Early Rising, June

However early I rise,
a trail of jet-fuel vapour
gashes the sky
and carrion crows are there
counting the sheep.

However early the dew rises
it is cold underfoot
and tools out overnight
are edged with rust.

The clothesline, in the morning sun
hangs damp shrouds.

However quiet the morning,
before long a tractor rattles
its way to the bog
bouncing an empty trailer behind.

I sit on a bench at gable end.
Three yards from me
a hare lopes down the slope.
The sheep jolt back from him.
I do not stir,
I watch.

Glaoch

Buaileann do ghuthán amach
Gan freagairt sa halla fuar.
Amharcann an pictiúr air,
Corraíonn an cuirtín go míshuaimhneach,
Deir an clog "Uch, ach lámha agam ..."
Glaonn an guthán isteach sa chistin,
Cuireann a chloigeann isteach ar na seomraí, ceann ar cheann.

Luíonn an deannach ar do thábla.
Leag séideán rúnda éigin
Duilleog bhán amháin de do dheasc go talamh.
Tá blátha crom básmhar i bpróca,
An dath ag imeacht astu.
Chan thiar a fuair tú iad, a chailín,
An aimsir seo.   Is tú a bhíonn siúlach.

Buaileann mo ghuth amach, ag bolgchaint
Tríd do ghuthánsa, ach diaidh ar ndiaidh
Tránn an t-údarás, téann caointeachán
Agus impí ag sní na pasáistí folmha síos.
Déanann an tost fonóid chiúin.
Géilleann an guthán, luíonn siar ar a chrúca.
Tá cóta ar crochadh ar chúl dorais, gan duine ann ...
Tá an nasc gearrtha.

Call

Your phone rings out
to no reply in the cold hall.
The picture on the wall looks down,
curtain stirs,
clock says "Och, if my hands could only ..."
Into the kitchen the phone calls,
into each room it pokes its head.

Dust lies on your table.
A prying draught lifts a white sheet from your desk
and drops it on the floor.
Flowers droop in a vase, dying,
colour bleeds out of them.

My phone rings out, patient,
echoes through your phone.
Its tone, importunate no more,
becomes a plea,
searches hall, stairs, landing, rooms.
Silence mocks.
The phone concedes defeat,
a truncated murmur,
settles down.

A coat sags on the back of a door.
There's no-one there.
The line is cut.

Scéal an Fhir Óig

Tháinig sé i méadaíocht, rinne fear
Is chuir fios na máthar sin a d'fhág ag na mná rialta é,
Í léi féin, gan taca, gan teacht isteach, gan dóchas.
Lorgaigh sé í siar na blianta, na comhaid siar,
Siar tríd na hoibrithe sóisialta sin a dúirt
"Inseoidh mé duit, ach coimhéad, níor dhúirt mé tada".

Fuair sé a seoladh, agus thiomáin leis
Fá bhailte beaga an taobh sin tíre a bhí coimhthíoch
Agus d'aimsigh sé an doras.
D'ardaigh sé a ordóg chun an chnaipe bhig
Is chonaic a méid, agus rian na hoibre
Ainneoin an tsópa a caitheadh,
É fá choinne cainte lena mhamaí.
Chuala sé an bualadh fann leictreach
Agus céimeanna cinnte aníos an halla chuige.

D'oscail sí an doras, d'amharc a ceist amach
As súile a raibh a gcinnteacht chiúin acu
I saol cúng an taobh sin tíre a bhí coimhthíoch aige.
Dúirt sé go raibh a inneall i ndíth uisce, ar mhiste
Léi crúiscín a thabhairt chuige a mhúchadh a tharta.
Agus thug.
Dhoirt sé isteach san inneall, agus d'ól sé féin an fhuíoll.
Agus thug sé buíochas di, is dúirt sí "Go mba hé dhuit".

Tá sí sásta, anois, gur chas sé uirthi
Gan réabadh isteach ina saol in athuair.
Ach measann sé nach raibh na céimeanna sin
Díreach chomh cinnte céanna ag filleadh siar an halla
Agus an doras druidthe aici
De láimh amháin, an crúiscín folamh lena hucht,
An dá mheangadh múinte ag imeacht san aer.

A Young Man's Story

He grows up, becomes a man, and seeks the mother
who left him with the nuns – a single mother,
rejected, without help or hope.
He searches back through years and files
and social workers saying "I'll tell you
but remember, I haven't said a word."

He drives through little towns
in unfamiliar country, to her front door,
raises a finger to the bell-push,
sees how large his thumb is,
how work-stained, despite the soap he used
preparing to talk to his mother.
He hears the bell ring faint
and footsteps towards him down the hall.

She opens the door, a question in her eyes,
her gaze composed, at ease with living in these parts,
so narrow and so strange to him.
He says his engine is in need of water, would she
kindly let him have a jugful.
He pours it in the radiator,
drinks what remains and thanks her.
She replies, "May it do you good".

He is happy to have met her,
will not invade her life a second time.
Two smiles of courtesy fade in the air.
She holds the empty jug against her breast
but when she shuts the door
he hears her footsteps up the hall,
perhaps less certain than before.

Bairneach

Greim bairní a bhíodh agam
Ar bhalla farraige an chuain –
Tonntracha is aer, sáile is báisteach
Ba chairde liom,
'Fhios agam, cibé aimsir a thiocfadh
Gur shábháilte sa chuan mo chuid,
Go mairfeadh daingean an greim,

Gur tháinig gan choinne
Buille leataobhach
De chloich i ndorn páistiúil na cinniúna
Nach raibh ionam seasamh ina éadan.

Agus sáitheadh tríom an dúán
Gur tháinig an friofac amach
Agus crochadh mar bhaoite mé
I sáile an chuain.

Ní ní liom mo chríoch
Ach an t-amhras
Go meallfaidh a ndúil ionam mo chuid.

Barnacle

I had a limpet grip on the harbour wall.
Waves and wind, sea-spray and rain were my friends.
Whatever the weather, I was sure
my grip would hold,
my own kind would be secure.

But then
fate's fist sideswiped a sudden stone
and displaced me.
A fish-hook speared my foot,
the barb pierced through.
I was hanged,
bait in harbour water.

My own end matters little
but I fear
the love my own have for me
will drive the hook home in their mouth.

Bailitheoirí an Deannaigh

Coinním go fóill iad, bailitheoirí an deannaigh,
Líne mheisciúil LP ar sheilf atá néata,
Chomh caite sin nach gcuirfinn snáthaid leo
Dá mb'fhiú liom éisteacht lena gceol, ní nach fiú.

Briste na clúdaigh, *cellophane* mar chraiceann oinniúin,
Dathanna a thréig faoi ghrian na maidne, mé i mo luí fleábhriste
I seomra tais cónluí an uaignis mheala, an phlódchalláin ragairne;
Fáinní beorach, dómharc, fianaise na staire mar ábhar tráchtais
Ag páistí fiosracha, bior na saoirse ag géarú ina súile.

Ní thugaim ainmneacha, ní ríomhaim scéal;
A bhfuil déanta, a leanbh, ní insím, ní mhíním, ní chosnaím.
Tá fíor gur le saghas eile ceoil a luascann m'aigne inniu,
Ach cuirim stór le taifid na fírinne, ainneoin an deannaigh.

The Dust Collectors

Why do I keep them, L.P.s collecting dust,
slumped on a drunken shelf,
too threadbare for the needle
should I wish to play them
and I don't.
Sleeves fray, cellophane peels like onion-skin,
colours fade in morning sun.

I lay partied out in damp bed-sit
of roistering and honeyed loneliness,
making history.

Burn-marks and beer-stain rings
are questions sharp in the eyes
of children eager to taste freedom.
The past is mine. I name no names,
do not explain or justify.
My mind today moves on a different track.
Black vinyl, closed record of past truth,
is mute, making history.

Pacáistiú

Ní éalaíonn siad ó na siopaí, ceannaímid iad go daor.
Lasta iontu, mar cheangail ar a n-eiteoga, tógaimid chun carráiste iad,
Saiprímid go cúramach iad ar an tsuíochán chúil.

Seachadaimid iad go humhal chun gach tí,
Osclaímid an doras rompu, ag brú de fheacadh glúine
Lena mbealach a dhéanamh isteach sa teach agus fáilte rompu.

Bainimid an lasta díobh agus éalaíonn siad saor.
Cuid acu, cinnte, éagann, stróiceann, dónn
Ach éalaíonn an corrcheann sin is leor.

Imíonn, ritheann, léimeann siad ar an tsráid ag gáire,
Nó stopann go tobann ag sreang an sconsa, méara agus giobail le deilg,
Nó eitlíonn in airde ar chrann ag tabhairt na faisnéise
Nó tochlaíonn thíos ag tachtadh draenach, ag plúchadh píobáin, ag fiosrú.

Líonaimid an cófra, pacálaimid an cuisneoir,
Na málaí i gcomhcheilg chogarnaíle ar an chaorán
Nó ag ligean orthu in airde ar na crainn
Gur neadacha préachán iad,
Ag scairtigh ar a chéile de ghuth na gaoithe, de chimilt craobh.

Packaging

They don't escape from the shops,
but cost us dear.
We ballast them to pin their wings,
lift them to the car,
position them on the back seat.
Each house will welcome them,
door held open with bent knee.
Down the hall they'll be manoeuvred
carefully.

Emptied, they run loose.
Some hide, some tear or burn, and some die.
A few escape, that sufficient few.

They laugh and leap along the street,
don't stop until they reach high wire,
tattered fingers clutch and cling
to fence, thornbush and barb.
Airborne to the tops of trees
they watch their chance,
choke pipe, trap, block gully, culvert.

We stockpile cupboard, fill the fridge
while they conspire in whispers on the moor.
They nest in ragged branches
mimicking
the flap of gusting wind
the snap of cracking twig.

Téim fá Chónaí

Téim fá chónaí, crom os cionn tine,
Ag tomhas na bhfód is an teasa go tíosach;
Téim chun cruaiche a líonadh cléibhe
Agus léimeann an ghaoth aniar an bhinn orm.

Díreach comhthreormhar le talamh don fhearthainn,
Nach cead di titim, ach imeacht i bPurgadóir shíoraí timpeall;
Éin ina mbruscar buamáilte ag séideadh
Agus crann á shracadh idir gaoth agus talamh, giorra cionn cúrsála.

Líonaim mo chliabh faoi dheifre is tógaim í go pianmhar
Is amharcaim ó thuaidh. Tá ag dul ó sholas
Agus tá Balor na mBéimeann ar cheann thiar Thoraigh go fóill,
Gath buile a shúile ar spéir, ar mhuir, ar thír ag cuartach.
Sleamhnaím go feithidiúil faoi mo chloich mhór.
Téim fá chónaí.

Gone to Earth

I crouch by the fire
hoarding the heat of a few last sods.
I must go out to the turf-rick
and fill a creel.
Around the gable-end wind leaps at me.

Rain parallels the ground,
a lashing limbo between earth and air,
birds are bomb débris.
A tree, coursed between two hounds,
is pulled apart.

I fill the creel, heave it up,
look North as daylight fades.
Balor of the Blows holds sway on Tory.
The mad dart of his eye
rules ocean, land and sky.

I crawl to my bolthole, burrow in.

The Cruellest Month

Tá an córas iomlán
An t-eangach gan poll
An mogallra ag fás i gcónaí.

Chuir siad tarra ar shráid mo thí
Go díreach mar a d'iarr mé:
Ceanglaíonn ionathair dhubh an dá pholl éalaithe.

Léadh méadair an leictreachais inniu,
Tá bille an ghutháin ar an mhatal gan díol go fóill.
Na téada seo ní doiligh
Ach fiacha an uaignis thar m'acmhainn.

Cuartaím íor na spéire ach tá néall in ionad an bhearnais.
Corcálann mortas na farraige caolas na bá.
Fógraíonn an chuach a shreangscéal déshiollach,
Eireaball magaidh in airde–
Cumha, cumha.

The Cruellest Month

The network grows,
the system is in place,
a net without a tear.

They tarred the road to my house door
exactly as I asked.
Now a dark cord
joins two boltholes.

Electricity meter was read today,
phone bill on the mantel is unpaid.
These bills do not bother me
but the price of loneliness is high.

I search the horizon and find
cloud fills the gap,
a swollen sea chokes the throat of the bay.

Mocking tail held high
a cuckoo telegraphs two syllables
again, again,
cumha, cumha, alone, alone.

Imirce

Aduaidh mar nathair an traein,
Anuas de dhroim shléibhe;
Dornta dúnta na Múdhorn anois ar mo chúl,
Clár leisciúil Laighean ag leathadh romham.

Bás an othair, is críoch é ar bhanaltracht;
Minic a fhuáileann súile deordhalla
Snáithín faoisimh i dtaiséadach.
Ní cumha amháin atá orm, ag tréigbheáil mo mhuintire.

Nuair a coisceadh a cháineadh, le feagacha locha
A labhaireadh an Déan buileach.
Ag méarú An Chúilfhionn ar fheadóg stáin
A chaithim mo leathe teoranta.

Migration

The train snakes down from the mountain,
the Mournes clench fists at my back.
Before me Leinster's plains unfold.

When the patient dies, nursing ends.
Tear-blind eyes may stitch a thread of relief
in the winding sheet.
When his ranting was suppressed
the mad Dean addressed bulrushes.

Loneliness is not all I feel
as I leave my people.
Within the confines of these my days
on a whistle reed
I finger a slow air.

Na Dialanna

Seo an lá ar dhóigh mé na dialanna.
Ní thrustaim an insint a ní siad,
Ná an éisteacht di.

Dhubhaigh an páipéar,
Róstaigh an clúdach leathair,
Bhí boladh géar i mo ghaothsán
Ar an phlaisteach sin a chorn thart ar chuaille miotail dhroma.
D'oscail piotail na leathanach gur bhris mé an bláth.
Rrinneadar osna.
Tharraing mé buille den tlúth iarainn
Ar an bhréag a bheas; bead saor ar an bhréag a bhí.

D'oscail a mbéal bán orm don uair dheireanach
Is dhruid mé orthu é de bhuille maide bhriste.

Fiche bliain ag imeacht.

Twenty Years a-going

Today is the day I burn the diaries.
I do not trust their narrative
nor others' reading of it.

Paper blackens,
leather cover chars,
plastic on the metal spine
smells foul.
Paper petals open out,
I crush the flowers. They sigh.
With iron tongs
I smash the lies they tell
and free myself of lies to be.

One last time they open frenzied mouths, move tongues.
I silence them with poker - blow.

Cumhacht na dTrucailí

Bailíonn na fir an fheamainn chladaigh
Agus imíonn trucailí faoi chnocán ard de lasta
A chaoineann srutha sléibhe, seachtain báistí.
Imíonn na trucailí ar bhóithre beaga,
        ar chúl seantarracóirí dearga.

Leathann an *spreader* an fheamainn ar an pháirc ghortach,
        mar a leathfadh sé aoileach bóithigh.
Tá cuid den fheamainn thirim plastaráilte ag an ghaoth
Leis an sconsa sreinge thart ar mo gharrdha,
Nó in ribíní mar a bheadh giobail dhaite a feistíodh
De dhraighean ag tobar beannaithe.
Cuid eile, briseann siad, briosc, faoi mo chois san aimsir thirim
seo.

Titeann fearthainn rith oíche, i rith an lae, tá an talamh
cáidheach,
Snámhann na caoirigh go mall idir an fheamainn
        ag cuartach féir, ag ithe duilisc,
Agus líonann boladh na farraige in ainneoin aird na gaoithe.

Barr maith féir cinnte acu,
Imíonn na trucailí beaga ar bhóithre an phortaigh go
        siosmaideach, gnóthach
A dhéanamh míorúilt na tine de na bachtaí báite.

Workhorses

Men gather seaweed cast up on the shore,
pile trailers high with loads which weep
like mountain streams after a week of rain.
Red tractors haul the trailers up small roads.

The spreader lays seamanure on hungry fields.
Like rags on thorn bush at a holy well
dry fronds flap against a barbed wire fence.
Some crackle, brittle underfoot in this, a rare dry spell.

Rain downpours at night
and turns the ground to slush.
Sheep, in search of grass,
wade through sea-stalks, eating dulse
and salt sea-smells rise from the earth.

Sure now of a crop of fertile grass,
the trailers take to bog roads,
harvest fire and heat
from drowned bog banks.

Cad é Fómhar?

Cad é fómhar?
Feo duilleog,
tuar glórdhaite geimhridh,
Imeacht éan,
rinn saighid de ghéanna,
Nó gealach i gceo?

Chan ea,
mar is sa chathair dom.
Is é an fómhar
Soilse dearga scaipthe
Tré ghalfhuinneoig bus
Is na deora léi

What is Autumn?

What is autumn?
Wilted leaf,
glory-portent of winter,
birds southbound,
arrowhead of geese,
or moon in mist?

No, none of these,
for I am in the city
where autumn
is lights glowing red
through steamed bus window
running tears.

Crannóg

Ceithearnaigh leathnochta in aghaidh gallóglach?
Chuir mé daingean á thógáil,
Cliabh ar chliabh de chré idir choirp dharaí,
Cliath ar chliath de shaileoga á gceangal
Gurbh ann do chrannóg mo chosanta.

Inti bhí beatha ar feadh na gcéadta blian,
Breac is bradán, éanlaith locha, biachlár tuaithe
Is tháinig is d'imigh na glúnta, gan cur isteach
Blianta an áir féin, agus gunnaí móra.

D'fhás coll is fearnóg, d'ísligh clár an locha,
Rinneadh de m'oileán cuid de thír mhór.
Lá dar bhreathnaigh mé, bean ar bhruach tirim,
Mo chabhsa cloch aníos ar fhis.

Siúlaim i dtreo na gile,
Gunnaí móra ag pléascadh ionam.

Crannóg

A kern half-naked against gallowglass,
I set to and built an island fort –
creel upon creel of clay between oak trunks,
interlacing wattles in a ribcage hold:
My protective crannóg now a shield-boss on the lough.

There, down through all the years
food was easy, salmon, trout and water fowl.
Generations came and thrived
even in times of slaughter.

As the level of the lough subsides
hazel and alder grow
and the island merges with the land.

I see a woman on dry bank,
see stepping stones.
I walk the causeway towards the light.
Great guns in my mind explode.

Maidin Sheaca i nDeireadh Fómhair

Go mall, chomh mall sin, chomh mall
Nach dtig liom amharc i leataobh ar eagla a gcaillfinn
Go mall aníos óna cromáin láidre leathana, thar ucht, thar ghuailleacha.
Tarraingíonn an mhaidin ceo geal bán ghúna na hoíche
Den tsliabh os comhair fhuinneog mo chistine, sé mhíle ar shiúl.

Imíonn an scamall ar ghnó an lae; tá poll domhain de spéir ghorm
Thart timpeall ar imreasc an tsléibhe, ag amharc isteach orm
Fuaraíonn an cupán i mo láimh, ní mhuirníonn mo mhéara an dé ann.
Dreapaíonn an fuacht ón urlár cré trén leac mo chosa aníos.

Cá fhad, anois, ó chonaic mé an duilleog fheoite sin de dhreoilín,
Ó cailleadh an spideog, a brollach i measc an ghleoráin ina luí,
Deoir fola ceilte ar bhrat na ndeora Dé,
Cá fhad ó léim cúrsaire an ríomhaire ar ghiorria sléibhe an dáin,
Ó chorraigh an fhuil seo faoi thús seaca Dheireadh Fómhair?

Is lú gach bliain an chinnteacht sin, gan fios
De theacht an earraigh, den mhairstean slán,
Is lú gach bliain de thaithí ghoirt an tsaoil, de thórramh ciúin na mion.
Ní ceann an tairne a chonac ar spéir na hoíche buailte,
Ach bior géar soilseach, ag taitneamh leis an bhualadh anuas tríd.

First Frost

Slow,
so very slow, so slow that I daren't look ⌐
for fear of what I'd miss,
slow,
from broad hips and breast and shoulders
the morning draws night's dress of mist
up from the mountain, six miles away.

An iris in a pool of blue,
the mountain looks in at me,
and the cup in my hand cools.
Cold seeps up through my feet
from the flags on the earthen floor.

How long is it now, since I saw the wren
a withered leaf,
since the robin died, his red breast buried in nasturtiums?
How long since the snarling cursor leapt on a mountain hare,
coursed me a poem,
how long since my blood chilled to first October frost?

Each year, certainty grows less
of survival, of coming through:
hair thins, glasses thicken, names go,
a cairn of little deaths.

What I saw, hammered in the sky last night
was no shining nailhead holding up dark canopy of silk:
no, but its point, molten in friction,
hammered on down through.

boinn órga go mall.
___nne bhog á luascadh; nó sciobann gaoth láidir
Ar imirce iad, as an bhealach; nó corruair
Ag crochadh gan corraíol san aer feadh meandair.
Bhí glas, ach d'óraigh le fómhar.

Thugadh an bheith an bheatha, chuaigh an cothú
I ndísc agus thriomaigh sine an cheangail.
Shaibhrigh an bás an duilliúr, bhí luí gréine
Na farraige móire thiar mar chríoch.

Breacann an t-ór an fhaiche, líonann anuas den sparán a tiontaíodh,
Luíonn ina uige óir ar ghuaillí an gharrdha,
Tagann an mhuintir bheaga, mionréabhlóidithe,
Loin ina n-ollscairtirí, spideogaí ag cúrsáil,
Craos na gcuiteogaí ag athchúrsáil, gráinneog ag neadú,
Leasaíonn, athleasaíonn fréamhacha an chrainn,
Alpann nó beathaíonn a chéile agus bleibíní bhlátha an earraigh.
Beacain agus canach, freisin, mar luí gréine beag faoi cheilt.
Bolgann na rútaí aníos, craitheann díobh dromchla dhubh an chasáin.

Titeann na boinn órga go mall, siollaí sa ghaoth.
Infhilleann an fhaiche iad go muirneach, mar réamhíocaíocht ar earrach.

To Be

Gold coins spill slowly from the birch,
rock in the gentle breeze
or lurch aside in a turbulent wind.
Some hover, briefly pendent,
green or autumn-gilt.

The birch tree nurtures them
until its food supply dies back
and leaf's pipeline runs dry.
The sun goes down on foliage
made beautiful in death.
Gold from up-ended purse
falls, gauze shawl, on shoulders of the lawn.

Small ones cover ground:
robin courses, worm recycles,
hedgehog beds down, blackbird shifts earth.
They eat or feed each other,
mulch roots, enrich the bulbs that promise Spring.
Lichens form, break line, mosses bulge,
roots swell, path cracks.

Sméar Dubh

Luíonn tú i leaba na ndriseacha, cluthar, ceilte,
Ag aibiú do rúin.
Líonann gach meall gorm,
Cruinníonn sú ghrian an fhómhair ghil ionat
Agus amharcann tú aníos orm, cúthail, modhúil, dúshlánach.

Bainim an sméar, idir ordóg is corrmhéar
Agus scarann sé go réidh éasca le dris na ndealg.
Tagann liom go toilteanach.
Tá an lacht chomh lán go bhfuil teann faoin chraiceann,
teas na gréine ann
Agus tagann chugam d'aon chuar álainn amháin aníos.
Abhlann dhubh ar mo theanga, nóiméad,
Go bpléascann ina tonn fola siar isteach.

Blackberry

Concealed in the shelter of bramble thorn
you ripen your secret:
soften from green to red,
each purple globule's glows
ingathers late summer sun,
and you look up at me, half-hidden, guarded well.

Between thumb and forefinger
you part easily from the thorn,
yield to my touch
juice-plumped, taut-skinned, sun-filled,
rise in my hand in one fluid curve,
rest on my tongue like altar-bread,
burst in a blood-red stream.

Epiphanies

Dán Nollag

Eitleán os aerfort oíche,
filleann iníon liom.
Réalta Nollag.

Do bhean óg, faoi strus

D'aghaidh bhán sa chór –
duilleog, lá leoithne,
ar chrann na beatha.

Géaga

Craobh úr le tine:
súlach, boilgíní ann, léimt chúir.
Do theas le mo chneas.

Earrach

Síneadh ar an lá.
Scairteann Maighréad Choilm ar an eallach.
Cá mhéid peitril sa *tank*, tú uaim?

Epiphanies

Christmas poem

A plane over the airport tonight
returns my daughter.
Christmas star.

Young woman, stressed

Your white face in the choir
a windblown leaf
on the tree of life.

Limbs

A fresh branch on the fire
sap surges foam.
Your skin on my skin.

Spring

A stretch in the day.
Maighréad Choilm calls the cattle.
How much petrol in the tank, to reach you?

Epiphanies *(cont'd)*

Leis féin

Fear ag cur síl i ngoirtín coirce,
de chaitheamh láidir láimhe, dearnan, méara á scaipeadh.
Leis féin a luigh ariamh.

Dusta

Trí rud chomh huaigneach leis an bhás:
dialann
grianghraf
cuimhne.

Geimhreadh

Anuas an simléar
pléascann clocha sneachta ar an tine:
seile ar mo bhróig.

An Líne Dheiridh

T-léine agus *denims*
righin reoite ar líne shiocáin –
cláracha mo chónra.

Epiphanies *(cont'd)*

Alone

In a small field a man sows seed
thrown from strong palm, fingers scattering.
He sleeps alone.

Unto Dust

Three there are, lonely as death:
diary,
photograph,
memory.

Winter

Down the chimney
hailstones hiss on the fire
spit on my shoes.

End of the line

T-shirt and denims
freeze rigid on stiff clothes-line:
boards for my coffin.

Cromán na gCearc

I dtús báire, ba gheit a bhaineadh sí asam
Mé ar mo mhachnamh clapsholais sa gharraí
Ag siúl go mall, mo mhéara leis na duilleoga,
Mo shúil ag muirniú fás gach gas
M'anáil ciúin roimh mhórgacht luí na gréine.
Ar airde mo chinn a heitilt, an dá sciathán
Oscailte ina gleann fial ar dhá thaobh an choirp.
Chorraigh an t-aer lena himeacht, osna ciúin,
Agus í ar a seilg, tostmhar, tapa.

Ní fhacas ariamh ag cromadh í ach chamadh sí
I leataobh go minic, faobhar a seilge á thabhairt ar shiúl
Ó mo mhuineál a bhí ina bealach.

Tagaim uirthi ar maidin, úrmharbh, ina luí álainn ar an
                                        fhraoch, eití leata
Báinne nimhe ag líonadh ina súile, gach cumas imithe,
Agus an ghaoth ba ghiolla aici, ina leanbh bómánta ag
                                        súgradh lena heireaball.
Fágaim i ngabhal crainn le hómós í,
Ach diúltaíonn an ghaoth don deasghnáth
                                choimhthíoch agus leagann í.
Cuirim ina luí ar dhos fraoigh í.
An mhaidin dar cionn, tá cleití scaipthe, corp ar shiúl.

Partnership

I moved to the quiet of my twilit garden
fingering leaves and stalks,
rejoicing at their greening,
my breath low
in awe of the setting sun.

She startles me,
her flight at my head height,
wings spread motionless
suspending.
The air quivered at her passing,
her silent hunt a sigh.

I never saw her stoop,
she swerved
twisting the edge of her hunt
from my bent neck.

One morning
I find her on the heather
dead
struck down
wings outstretched,
eyes cloudy-white and blind.

Like a wayward child
the wind who was her servant
tousles her tail-feathers.

I leave her in the fork of a tree.
The wind rejects such foreign ceremony
and knocks her down.
I lift her to a clump of heather.

Next morning
I find scattered feathers.

Athrú Datha

Tréad ar thréad den eallach ag innilt, sreang leictreach á dteanntadh
Ar bhánta méithe seo na Mumhan,
Mé ar thraein ghasta chuig tórramh eile arís,
Gach uile bhó díobh dubh agus bán
Ag gobadh amach as an ghlaise úr, mar a bheadh bréagán
        adhmaid linbh.

Ní dubh ná bán a bhíodh siad, eallach m'óige,
Sna páirceanna a raibh mo thriall eatarthu chomh sciopta cinnte sin,
Iad ina seasamh ciúin, féar go glúin orthu, nó ina luí, níor dhubh ná bán
Ach donn, an leathar donn, gainní ar an chré ina ndiaidh,
Longadán na naofachta ón Ind ina siúl.
Ba iad an ithir féin ag gluaiseacht, bhíodh an bhuachailleacht saghas umhal.

An tráth sin, ba dhubh agus bán mo léamh ar an duine, ar an dán,
Ach anois tá donn gach fealsúnacht, gach fadhb, gach réiteach,
Donn an fionnadh, an craiceann, fuílleach, fágálach is leasú,
Donn,
An chré ag imeacht de shluasaid an ama i gcónaí,
Im an nóiméid ina fód móna ag eitilt aníos den
        tsleán isteach i mo dhá láimh
Agus barra mo mhéar ag cinntiú mo ghreama go domhain isteach
Ar eagla a sleamhnaithe uaim, an chaill thobann,
Agus fód eile a theacht anuas den tsluasaid orm.
Tá an saol mór donn.

Is cosúil le cleas lucht teilifíse iad na ba, nó bosca
        bréagán scaipthe ar na bánta
Ach níl an saol chomh furasta sin,
Níl, ná an bás.

50

Change of Colour

Herd upon herd of cattle graze
on Munster's fertile plains.
Electric wires fence them in.
I'm on the train south to yet another funeral.
The cows are black and white
cut-outs against green grass,
carved wooden toys.

In fields where as a child
I meandered, ran,
cattle were not black and white.
Knee-deep in grass, or lying down,
they were brown, leather-brown, left brown behind.
In stately sway they moved like India's sacred cows.
They were of the earth, and we herded them
with cautious sticks.

At that time I saw people, even life
in black and white.   But now
each concept, problem, resolution
is brown – the brown
of short greying hair, of stubble,
of stagnation, of the left behind.

Earth slips faster from my spade,
the hands of time are at an acute angle,
a turf-sod, butter-soft, slides from the sleán
into my ready hands.
I fear a sudden loss, and thrust my gripping fingers deep
as another and another dark brown sod
flies wetly on me from the spade
until my whole world is brown, brown.

Cé Dúirt?

Breacadh páir faoi cheiliúr éan
Íocshláinte anama ag manach séimh
Nár bhraith ariamh ar pháirc an áir
Cioth fola, glóraíl chág.

Cleasa cait le mionluch
Tóir fealsaimh ar a fhís;
Ultach adúirt
A chleachtaíodh claíomh roimh dhul le scríobh.

An Rí mura mbí fá do chroí,
Sa róimh féin ní bhfaighidh tú síth;
Colm Dhoire adúirt,
Le cuimhne catha, ar oiléan Í.

Glosses

Speckling parchment to bird-song
is balm to gentle monk who never saw
bloodbath on battlefield
nor heard the raven squawk.

As cat pursues mouse
philosopher pursues truth
said the Ulsterman, who preferred
sword-play to word-play.

Unless the Christ-king is in your heart
not even in Rome will you find peace,
said Derry's Colmcille on Iona
as he remembered war.

Dul chun Síneadh

Chím na comharthaí, an síneadh ar an lá:
Ceol cuileoige san fhuinneog a mhusclaíonn mé,
Is ní broidearnach i mo shúil í sin, ach spideog sa sceach,
Nó dreoilín sa bhalla, ag saothrú codach go tapa.
Tá mearbhall ar na caoirigh óga fán chorraíol ina mbroinn.

Ramhraíonn na bachlóga, gach de réir a chineáil,
Ar dhath geal bán, úr glasuaithne, nó mar smidiú béil.
Tá láimhín veilvit ar chorna cruach na saileoige.
Tá taifí le truaill chnó capaill don ghasúr a thiocfaidh san fhómhar.

Rollann rotha cairte na ndriseacha isteach
Sa gharraí a réitíos glan, a mbrú ainrialta,
Dealg a gceilge i bhfostú i mo bhríste ag iarraidh mo leagtha.
Sáim spád sa talamh is tagaim ar chró cheilte
De shleánna geala, rinn ghlas orthu, iad ag gobadh anios go geal ón tsíol
I lios dubh a stórala.

A ceird i ndearmad aici, dathaíonn an ghrian an t-aer
De réir a bhfuil thíos fúithi: donn os cionn an chnoic,
Glas bog os cionn na gcuibhreann, gorm ag an mhuir,
Agus leachtaíonn an solas ar fud na spéire.

Crochann casóg ar chuaille, mé i mbun spáide,
Ach fuaraíonn an t-allas faoin léine.
Drannann cár gealaí leis an ghrian,
Druideann an siocán poll an lae sa leac thiubh oighre.

Bheirim cliabh den mhóin mhaith isteach.
Dúnaim an doras.

A Stretch in the Day

I see the signs:
A bluebottle pesters the window, wakes me
And that tick in my eye is a robin in the hedge,
a wren running the dry stone wall to feed.
Young ewes are dizzied by the stirring in their womb.

Buds thicken, each according to its kind,
silver white, new-green, lipstick bright.
Tense steel of willow wears a velvet glove
and sticky-toffee sheaths the autumn chestnut.

Brambles cartwheel into the garden I had cleared,
conspire to puncture and entrap me.
I dig deep. In open cut
tangled roots shoot fragile to the light.

The sun, out of practice,
mirrors earth-colours in the sky:
greybrown above the hill, green over fields, blue over sea.
Light runs watercolour everywhere.

My jacket on the fence, I dig.
Sweat cools under my shirt.
Moon snarls white-toothed at the sinking sun,
and after mid-day thaw the pool is ice once more.

I bring in a creel of good turf,
shut the door.

Éanacha agus Rón

Scríobhaim ceithre litir ainme sa ghaineamh fhliuch
Amhail rian ceithre choiscéim droim dubh mhóir, ag rith chun eitilte,
Ach líonann na línte de sháile ghoirt, titeann na bruacha beaga,
Ní eitlíonn.

Ag siúl dom ar chlocha glasa an chladaigh
Ní fheicim éan go n-éalaí sí uaim san eitilt:
Scaothóga beaga faoi imeagla,
Mná rialta de roilleacha ag clamhsán,
Corr éisc innealta ag imeacht i leataobh, beag uirthi mé.

Tuigeann an bhainirseach róin fá mhaide tine an fhir, a bhradán uaidh,
Agus imíonn sí amach ar ais ar an tsáile sula dtagaim.
Ní fheicim ach rian a lapaí sa ghaineamh, scríob iongacha a crúb,
Go dtionntaím go tobann, agus sin í, deich slat uaim, ag faire orm.

Tumann sí láithreach de chasadh láidir eireabaill.
Ní fhilleann.

Birds and a Seal

In the wet sand
I write four letters of a name.
They look like web-prints
of a large black-back
running to take flight.
But salt sea floods the script,
raised edges collapse,
nothing takes off.

I walk the grey stones of the beach
and do not see the bird
until it rises to the sky.
Small dunlin run scared,
nun-like oystercatchers complain,
a heron, thinking through
the aerodynamics of flight
ignores me.

The female seal knows man's rifle
guards the salmon
and so, as I appear,
she returns to the sea.
All I find is the mark of her body in the sand,
the scrape of claws, the pull of fins,
until I turn suddenly
and, her head suspended,
there she is,
ten yards away,
looking at me.

Twisting her powerful tail,
she dives. Does not come back.

Caora

Iomlán nirt a chruinniú, is léimt ar shiúl
As greim muineáil an lomadóra,
Ón deimheas ghasta ar an scornach.

Fá shliabh rith shamhraidh,
An olainn a shábháil sí ón ghearradh
Mábach trom anois ar dhá dtiran dá corp.

Fá chnoic rith gheimhridh,
An lomra fliuch, a meáchan á moilliú,
An siocán á stad.   Gorta a lean de.

Fá ailt a fuarthas a cnámha
Tús earraigh.
Thart uirthi mar ar scaipeadh iad
Bratógaí na saoirse.

Sheep

She gathers all her strength,
jerks aside
out of the shearer's stranglehold,
clippers nipping at her throat.

Summer long, on mountain side,
wool she saved from cutting
bedraggles,
drags her down.

On hills, winter-waterlogged,
the fleece slows her steps.
First frost seizes her,
she starves.

In early spring her bones are found
in a ravine,
shredded flags of freedom
scatter all around.

Eile

Seo am ar leith, áit ar leith.
Glaisí éagsúla cineálta le súil
Cuartha an dúlra in ionad línte an duine:
Gan uilleann ar aon rud ach ar phéire comhthreormhar
                                            chrann péine
Nó ar chorr éisc ag eitilt nó faire di go huaigneach.
An callán cúlra ní rialtacht cheoil ach crainn faoi ghaoith
An t-aer trom, fearthainneach, éadach fuar tais le héadan.

An obair faoi chlaochló, tá am don tóir
Ar eireaball bán na hionsparáide,
Ar ghnáth bheith spadánta á leanacht.
Ní críoch do shlis ghearr na héigse ar an haondéag
Go mbeathaím cumann de leathuair comhrá,
Go bhfaighim suaimhneas bog an cheoil roimh mhurlán an
                                            tsuain a chasadh.

Leáigh an fiche bliain faoi theas tobann,
Craiceann oinniúin mo chinnteachta ag imeacht, mo
                                            bhacainní bochta
Ina bpíosaí faoin *half-track* choimhthíoch.
Seift nó plean ní heol dom, gan ar m'acmhainn
Ach ligean do na clocha sileadh ceann ar cheann as mo lámha.
Imíonn mo pheitreal an draein síos.
Is giall mé. Ní fúm an treoir.
Soir siar bóithre mo chuiid féitheacha
A phléascann an rhododendron, fréamh is bláth.

No Escape

A special time, a special place,
varied greens are kind
and Nature's curves
replace straight man-made lines.
No angles but two parallel pines
or flight of heron
or her lonely stance.
The air rainheavy
a compress to cool my skin.

Work changes,
time now to pursue
the shining tail of inspiration
I've long been slow to chase.

Twenty years dissolve.
certainties peel back,
barriers collapse
before this half-track new to me.
I have no plan,
but one by one
stones drop from my hand,
petrol trickles down the drain.
I am a hostage.

Rhododendron
explodes in my veins,
root and branch and flower.

An Lá a Thuirling an Taoiseach ar an Iarthuaisceart

Ní dhéantar scannáin anseo,
Ní thógtar baile bréige.
Cill Rialaig dá bhfaighfeadh bás,
Aimsir agus caonach a chuirfeadh.
Blascaod dá mbánófaí, b'shin é – tá sin againn.
Is deacair a bheith ag feadaíl agus ag ithe mine.

Síneann an Mhachaire Rabhartaigh a lámh i dtreo
Inis Bó Finne is a dheártháir mór, Toraigh, naoi míle amach,
Coinníonn ar an tsnámh iad.
Buaileann na tonnta le chéile, aduaidh in éadan aniar,
Bos le chéile, uileann le grinneall
I gcleasa lúith agus nirt agus grinn agus feille.

Caint níl ann ar fhondúireacht, ach tig an post ó Ghlaschú.
Tá na daoine beo, ag cur Yamaha i dtóin an bháid,
Ag rá an phaidrín ag scrín Mhuire ag barr an ché
bríste fillte go glúin siar –
Ag tógáil chruach de photaí plaisteach agus suiminte gliomach,
Ag caint go ciúin sa chlapsholas
Ar a mbealach abhaile, tuirseach,
Lá eile curtha isteach acu.

Northwest

They make no films here,
no mock-up villages.
When our Cill Rialaig dies
weather and moss bury it.
When our Blasket empties
then that's that.
You cannot whistle and eat the yellow meal.

Machaire Rabhartaigh stretches a hand
towards Inis Bó Finne
and his kinsman, Tory, nine miles out,
keeps them both afloat.
Waves slam together,
northerly against westerly,
palms meet, elbows on the sea-bed,
their game a test of strength,
their play a smiling treachery.

There is no talk of grants
or cultural foundations,
the mail still comes from Glasgow.
People make a living,
put outboard motors in their canvas curraghs
and pray at Mary's shrine by the quay-side
with trousers rolled calf-high.
Men stack lobster pots of plastic and cement.
At twilight they talk quietly,
go home tired,
another day done.

Ionradh Earraigh

Níor léir a dteacht, ach i dtobainne bhíodar ann.
Na céadta díobh, mar fómhar trom buaircín ar gach crann.
Chomh glórach le clós scoile, sos beag na maidne.
Iad á gcaitheamh féin ó chraobh go craobh, ag scinneadh chuig crann eile
Ar sciatháin ghearra thriantánacha, fuadar fúthu.

Ar maidin, ba mhó arís a líon
D'imigh an dá shnag bhreaca,
Rinne feannóg gearán callánach sular ghéill,
Chuaigh an éanlaith bheaga i leataobh láithreach ón tslua úr.
Is rinne a gcuid áit eile gan imreas fá chríocha talaimh a chéile.
Tráth seo éigeandála.

Róthrom do na crainn, agus iad ag iarraidh bia.
Téann siad go talamh, ag sá, ag léimt, ag sá,
Cipe chun tosaigh, duine ar dhuine ag rith cúig chéim
Ag stopadh faoi fhoscadh a dhatha, ag faire,
Súil síos amas an ghoib, le sá baignéide,
Culaith dhonn ar gach éan, suaitheantas dearg faoin ascaill,
Stríoca buí faoin tsúil ag inse a chineáil.
Súil agus glór, gob agus goile
Agus tuiscint ar thaicticí acu. Leathann siad amach
Ar fud na dtrí pháirc go gcruinní isteach a gcairde,
Go méadaítear an glór, go rabh an talamh beo lena mbogadh.
Tá cuid sa gharrdha; druideann siad siar chun na sceiche ar theacht an
              duine,
Ach corrcheann a stopann, ciúin gan corraíol
Ag faire, súil is gob in airde, dírithe ar do ghlúin.

Seo an deargán sneachta. Ar theacht an earraigh
Bailíonn, beathaíonn, pléann an bealach, imíonn
Soir chun na Rúise ar ais faoina chlúmh donn ag eitilt ar eití gearra.
Tá réalta ar a éadan ag tabhairt eolais. Caillfear roinnt ach mairfidh cuid
Go sprioc, go coillte beithe an tuaiscirt, go fairsinge.

Musclaíonn tost na maidne thú de gheit,
An t-aonarán a mhair, nach dtuigeann cad a chronaíonn sé uaidh.
Cad é seo? An tsith?

Fud oirthear Prúise mar a bhí, ar mhachairí na Polainne, i dtíortha Bailt
Beidh rian den ghort bheag Ultach seo, síolta crua, creatlach feithide
An chuid den chreach nach fiú a iompar
Ag titim ina fearthainn gheal.

Spring Attack

They come on me unawares,
suddenly are here, hundreds of them,
like a harvest of pine cones
on every tree.
Noisy as schoolyard breaktime
they catapult from branch to branch,
dash to another tree,
scurry on triangle wings.

By morning there are still more.
The two magpies go,
the hooded crow complains, retreats,
small birds flee,
find another place to feed,
not bickering among themselves
in this emergency.

Too heavy for the trees, the intruders
go to ground in search of food.
They stab, hop, stab.
A troop advances.   One runs five steps,
stops, camouflaged, alert,
eye aimed along beak bayonet point.
Each bird is brown,
red emblem under wing,
around the eyes a yellow stripe.
Eye, voice, beak, appetite,
and mastery of tactics.
Over three fields they sweep
gathering allies
and as the din increases
the earth heaves with their manoeuvres.

Some in the garden
flee to the hedge on seeing me.
An odd one stands immobile, tense,
beak pointed at my knee.

This is the Redwing.   Come spring
he gathers, fattens, plans his journey
eastwards to Russia,
brown down flying on short wings,
on his forehead a guiding star.
Some birds will die,
some reach their destination –
birch trees of the north, open space, abundance.

A silent morning wakes me suddenly.
A loner remains.
Is he not aware of what he's missing?
What's here for him?   Is it peace?

Throughout East Prussia, as it was known,
on plains of Poland, in Baltic lands,
hard seeds and skeletons of insects
are reminders of a small Ulster field.
The share of plunder not worth carrying
falls like bright rain.

Clochaois

Glanaim an ghort ach tá carraig i mo bhealach, mar smál,
Is bheirim í – mo dhroim ag lúbadh – chun na críche
Lena suíomh go cruinn sa bhalla
Ach tá an balla iomlán.

Fágaim dóthain spáis don dreoilín, don easóg fiaigh,
Do theacht mall an chuilinn, lon dubh ina aingeal á fhógairt.
Fágaim mionfhuinneoga ag an spéir, a gcrot mírialta
Mar a bhíonn i ngloine dhaite eaglasta de naoimh.

Tógaim an charraig den talamh arís
Tar éis mo scrúdaithe.
Ní thitim leis an iarracht, ainneoin a drogaill,
Ainneoin bhéal an ghláir ag diúltú scaoileadh léi,
                    an phóg ag déanamh fonóide.

Siúd linn chun an chladaigh agus, lán chomh tomhaiste cúramach
Socraím faoin lánmhara í go bhfásfaidh feamainn
Go snámha iasc beag, go ndéana portán fearann seilge de,
                    go nguí feamainn.

Tagaim go rialta á bearradh,
Ag tabhairt lasta leas na farraige
Chuig an ghort.   Leathaim ar an chré,
Spádálaim isteach sna hiomairí an leas.
Bíonn súile gorma bhalla na gcloch ag coimheád orm.
Ach ní mhaíonn siad gaol.

Stone Age

I clear the field, but a rock resists me.
Back bent, I carry it to the edge,
place it with care in the drystone wall
but the wall, already full, refuses it.
There is space there for the wren, the foraging stoat,
blackbird ringing angelus, holly's unhurried growth.
There are small windows for the sky, uneven shapes
like leaded coloured glass church saints.

I lift the rock again, can just do this
although it clings long, stubborn to the ground.
It yields with a derisive kissing sound.
I place it in the carboot, drive to the shore,
set it below high water mark. Weeds will cling,
fish swim, crabs crawl and claw.

I come to crop the rock,
take its seaweed to fertilise the field,
spade it in drills, spread it on the earth.

The blue eyes of the wall keep watch,
do not claim kinship.

An Frog sa Bhucaeid

Tá frog sa bhucaeid.
Cá fhad anois ansin é? Is ar éigean beo:
Ní bhogann an scornach,
Tá mogall ar na súile,
Tá an craiceann iomlán tirim,
Ina ghlóthach seirgthe,
Ar dhath luaithreach na móna thart air,
Ina chac tirim caora ag an mhóin,
Ina chamal caillte sa ghaineamhlach shinciarainn

Tiontaigh an bucaeid bun os cionn,
Nó ní cónra mhiotail é dá leithéid shoineanta
Nár thuill an cillín buí.
Amharc air. Bogann sé, suíonn ceart,
Droim íota le spéir, géaga le sráid,
Súile leat. Ní iarrann. Fanann.

Buacaire an chlóis taobh leat, ní haon rud mór
Boiseog a shilt anuas air, braon ar bhraon.
Amharc a dhroim, dathanna ag filleadh ar an chraiceann leis an
    bhaisteadh.
Tógann sé a dhá lámh mar chosaint ar a shúile
Nó malaí agus fabhraí níor bronnadh air san ubh.

Agus imigh leat, anois, do ghnósa déanta.
Cead amhairc i gcionn leathuaire agat – ní bheidh sé ann.

Frog

There's a frog in the bucket.
How long has he been there?
Barely alive, his throat is still,
eyes filmed, skin wholly dry.
He is shrivelled spawn, his colour
the yellow of turf ash around him.
He is a dried out sheep turd.

Upend the bucket.
Innocence does not deserve
a metal coffin
nor a yellowed cell.
Look, he stirs, sits up,
parched back to the sky,
feet steady.   He looks at you,
does not plead, waits.

The tap in the yard is near,
it's nothing much to let
a palmful dribble drop by drop.
Look at his back,
baptism of water restores
colours to his skin.
He lifts two hands to shield
eyes born without lash or brow.

You may go now, job done.
Check in half an hour,
he will be gone.

Dán Nollag

Dhá mhíle bliain fhada den rí mhór is den naíonán –
Tuirsíonn, tanaíonn an t-iontas. Mise an rí, mise an rí
A ghlaoim, ag tiomáint siar liom, ag gluaiseacht go mear,
Lód camail ar mo chúl. Tá réalta os cionn aerfoirt,
Leanbh ag filleadh abhaile. Ach imím liom.

Imím ón trácht a bhagraíonn, a bhrúnn, ón scáth fearthainne a iompaíonn
Goile agus easnacha amach ar an chasán, ón bhus gan teacht, ón bhus gan
      dara teacht.
Imím, mo pháipéir liom, chuig mo theach beag bán i measc na gcnoc,
      m'aisling féin,
An creideamh a d'iompair i rith na mblianta fada mé. Ag imeacht
I dtreo na gcrann a fhásann, ón choincréit chun na cré.
Dúnaim an fhuinneog ar na *Big Issues* ag an bhean óg sin ón Rúmáin.
Imím.

Glacfaidh mé go réidh é, cionn cupla lá. Tá gach rud agam.
Is aoibhinn liom an tost thart timpeall orm
An carn bia sa fridge, mo thine ard, na fóda móna ina gcraos. Ansin, an
      obair.
Tá ceapord agam lena leagan, lena chaitheamh amach,
Máinséar sin an bhoithigh, máinséar mór garbh cloiche,
Máinséar dúghlas salach a mbíodh lao agus asal ag ithe as,
A mbíodh neantóga agus aiteann i measc fodair bhoicht ann,
Máinséar le balla nach samhlaím le haon naíonán,
Máinséar agus slabhra leis, máinséar agus tua.

Buailfidh mo cheapord, oibreoidh mo shluasaid.
Ní bheidh aon rian fágtha den tseanmháinséar ann.
De réir mo phlean don bhóitheach, don tseomra úr a bheas ann
Beidh leabhragán agus pictiúr le haol geal an bhalla sin
Agus ceol mo chlutharú go teolaí, cantain eaglasta ar uairibh,
Agus macallaí na soineantachta ag simpliú mo sheilbhe ann.
Leathfad clocha briste an mháinséir ar an tsráid faoi chois amach.

Amharcaim an spéir istoíche, na réaltaí os cionn sléibhte.
Slogtar isteach m'éachtaí, cailltear ann mo phlean.
Tá an ghealach ann go huaigneach, gan leanbh ag diúl a cíche,
Macallaí dhá mhíle bliain ag tréigean, fuacht na hoíche ag cruinniú
Agus gach cór ciúin.

Christmas Poem

Two thousand years of the child-king.
As I drive north I shout: I am king, I am king.
A star hangs above the airport. A child comes home,
but I go on, at my back a camel-load.

I leave the clank of traffic, the inside-out umbrella,
the bus that doesn't come, and doesn't come again.
With pen and paper I drive
to my white hill-cottage,
I touch the keys in my left pocket
and go, from concrete
to where trees rise from the earth.
At the traffic lights I close the window
on the Rumanian woman and her armful of *Big Issue*s.

Swaddled in tranquillity,
I take it easy for a day or two.
Everything I need is here,
food in the fridge, all the hours,
turf-sods piled high on hungry fire.

And now to work.
In stable's half-light I see
a manger, a lock and chain,
no cradle for a baby.
My sledge will raze that dirt-grey manger,
that feeding-trough of rough-hewn stone
where horse and donkey fed on fodder
spiked with nettles and with gorse.

My sledge will smash, my shovel lift
all traces of the manger.
I'll make a new-bright room
with shelves book-laden,
a painting on the lime-white wall,

and music – often sacred, choral –
to endorse my enterprise.
Broken manger slabs will pave my path.

A star hangs above the hill tonight.
In its chill light my grand plan fades.
No child is cradled by the crescent moon.
Echoes of two thousand years grow faint, cold penetrates.
All choirs are still.

Seilide

Rófhada sa bhlaosc, ag fanacht leis an chos anuas.
Mall, fáilí, sínim adharca amach, bolaím, cuartaím,
Agus bogaim liom go mall ón áit a rabhas teann:
Ar dhath an airgid atá smug mo shiúil,
Ar dhath an óir bhuí an pabhsaer sin faoi mo shúil.

Téann an saol mór thart go fóill, ar chosa táirne in arde,
Ach bhí an blaosc róbheag, róbhog, bogach mo sheasaimh 'mo bhá.
Má b'eagal bogadh, ba róeagal fanacht, is thugas mallacht mhisnigh;
Ar eagla eagla iompraím teach ar ghualainn isteach sa lá.
Bhí an stálú dulta bréan is shantaíos an t-aer.

Soir amach as Dún Aengusa, trén *chevaux de frise* soir amach,
Snámhann mo dhroim dhubh, ag soilsiú faoin ré úr lán.
Tá broic ann, tá, fiacail agus gob nach sos dóibh ariamh,
Ach tá gá agam le caitheamh bia agus le caidreamh póir.

Snail

I've stayed too long within my shell
in dread of stamping foot.
Now, slow and cautious, I stretch antennae out,
feel and search and smell the world.
I trail a path of silver, and buttercups are gold.

Life passes by on hobnail boots.
I was too little,
frail and brittle-shelled,
afraid to move, more afraid to stay
in sinking clay.   Courage conquers doubt.
I move from isolation and foul air,
haul my house upon my back
and brave the day.

Eastward from Dún Aengus
through *chevaux de frise* I glide.
Out on a limb, moonlight makes
my black back visible
to badger, claw, fang, beak.
But I must eat, meet, speak ... breed.

One for Sorrow

in memoriam Máire Doyle

Lasadh aghaidh mo mháthar, aoibh uirthi – an gáire, an chaint ard sholasta
Nár mhinic aici, b'shin a bhíodh aici
Agus m'aint ar cuairt aneas, ina hearrach faoi bhláth.
Chuirtí ó dhoras mé, tráth na rún
Á malartú ina dtoitíní cogarnaíle, brioscaí le sásair fágtha,
An dá cheann crom i dtreo a chéile agus gan slí ann dom.
Shuínn ina hucht, ucht gan boladh bainne,
Is b'ionann dath ár ngruaige. Barr a méire
Le barr mo shróine, gháireadh sí faoi fhiaradh mo shúl
Go gcuireadh mo mháthair stop leis sin mar amaidí.
Theannadh a géaga, cuan mo chodlata de ghéaga, thart orm
Agus chimlínn, de bharr méire,
Fionnadh fineáilte chraiceann bhreicneach a sciathán faoin ghréin.
Ba sheolta a sciortaí geala agus ise ina crann,
Ina crann ceoil, fómhar duilleoga ag imeacht ina stoirm nótaí,
Mo chealgadh de shiosarnach duilliúir,
De ghaoth chumhra análach i mo ghruaig,
Nó mise ar a glúin, a dhá sciathán thart orm, a méara ag dúiseacht an
            phianó,
Ag cur an gheal ina dhubh, an dubh ina gheal, mo mháthair ag ceol léi
Agus leanbh ar a gualainn, ceirt ina láimh, náprún faoina coim ard,
Gáire ar a béal.
Uilig ag imeacht.

Rinne snag breac suirbhéireacht fhuar, shocraigh,
Thóg cipí marbha, bhris cipí beo, agus d'fheistigh
Meall éadrom dubh in airde ar an bheith.
Dhúbail siad, a nglórtha ina gcallán meaige,
Chuir an crann ó nádúir,
Ceo bog na nduilleog ag ceilt an phoill a d'fhás.
Ní hé an cuí is rogha, i gcónaí, ná nígá gur bocht
An aimhréidhe. Ach d'imir ál na snag a gcluichí garbha fud an bhaill,
Dubh ina gheal, geal ina dhubh, stríoca den chorcra eaglasta.
Theich mionéin, chúaligh cat, rinneadh ár ar fheithidí

78

Agus ba shnagach síoraí siollaí an Morse, gan teanga cheangail,
Barraíocht de na nótaí briste, casúir bheaga veilvit imithe ó mhaith;
Níl códleabhar agam do chomharthaí láimhe na ciúinphráinne.

Liostaí le ballaí, rialacha na cistine i ndearmad,
Ba í an tolg a nead, ba bheag a chorraigh sí, ná níor leor a d'ith.
A súile ba uibheacha smólaigh, anois ina ngliogair.
D'aipigh an duilliúr, cheil an duibhe sin a neadaigh,
An dubh taobh thiar den gheal.
D'fhag dul faoi a haigne rian den óige shimplí sin
Ba chuimhin liom ó ba mise a bhí naíonda.
Tá dubh, dorcha, tá agus cuireann glórtha thíos staighre le cumha na
     hoíche.
Luasc an crann agus bhris an géag agus leagadh cliabh an naíonáin.
Ach a Mháire, a chuid, is briathartha dod ainm go fóill
I ngramadach na gcluichí focal sin a d'imrímis
Is níor tháinig críoch go fóill ar bheith, ná freagra ar thomhas:
Tú a tháinig isteach ar ghuaillí daoinne
Is a chuaigh amach chomh mín le síoda.
Líonann fonn mall mo chuimhne, fuálaim na línte −
Bíodh braonta fola ar an snáth, mo ghreamanna mírialta
Cuirim an dubh ina gheal, an geal ina dhubh,
Ceanglaím na duillí ina leabhar,
Déanaim comhaireamh àr na fáinní,
Aithním ar a bhféile na blianta méithe,
Luascadh crainn agus suantraí íseal.

One for Sorrow

When Aunt Máire came to visit she brought in the Spring.
My mother brightened, laughed and talked excitedly,
as she so seldom did.
I was sent away. Their heads together shared
confidences and cigarettes,
biscuits left uneaten on the plate.

Scooped into her lap, close to her breast,
my hair and her's blent gold.
She touched my nose-tip,
laughed at my crossed eyes,
till mother stopped our nonsense. She hugged me,
I stroked the down on her freckled arm.
Her breath in my hair was lullaby
as breeze ruffling the birch leaves outside.
Me on her knees, held tight, her fingers woke piano-keys,
turning white to black and black to white,
and mother came and sang,
a baby on her shoulder,
dishcloth in her hand,
apron on raised waist,
her face made lovely by a smile.

All is changed.

A magpie struts, inspects, gathers dead twigs,
smashes living branches and builds
a dark amorphous mass high in the birch.
Soon two voices squawk,
a black nest sprawls a tangled growth
changing the very nature of the birch.
Fledglings flit and flap, trespass all over the place.
Black is white and white is black,
black purple-streaked.
Song-birds scatter, insects are massacred, the cat backs off.

Harsh consonants splinter the air,
last velvet notes hammer broken chords,
no code translates the movements of her hands.

Lists on kitchen wall, day routine forgotten,
she nests on the sofa, scarcely moves, eats little.
Her eyes once blue of thrush's egg, now dim.
Maturing leaves, silver-gold, hide the dark nest,
black within the light.

Uncertainty, confusion, fear, fill her declining mind.
All is dark dark and downstairs voices
make the night more black.
The wind blows, the bough breaks
and down will come baby, cradle and all.

Stráinséir

Earc bheag luachra, fireann donn ar an leac ghlas,
Ag siúl an urláir ó bhalla na síne go balla na díne,
Casann sé a eireaball go mall, tógann a cheithre uillinn,
Ceann i ndiaidh a chéile os cionn a choirp,
Cúig mhéar ar gach láimh ag méirínteacht an bhealaigh.

Tá óg, mo dhragan beag, chomh hóg léis an fhrog
A rinne an turas céanna ag tús an tsamhraidh,
(Buachaillí bó a dhiúltaíonn don tsreang dheilgneach is mise,
Trasna na machaire ba theach tais folamh leis na blianta.)
Glacaim leis na feithidí – gach cliabh móna, is long choilínithe.
Lucha agus leamhain ní miste a roinnt den spás liom.

Aithním gur sona na péisteanna seo, frog is earc,
Ach na mílte glún ó shin níor chairde iad
Agus nuair a chuirim cúl mo mhéire lena gcraiceann, craithim.

Tógaim cárta poist, fanaim go dtránn a amhras, go dtéann sé air,
Tugaim amach chun na fearthainne, chun na sráide é,
Tiontaím an cárta sa dorchadas,
Guím nach dtiteann sé ar a dhroim, go ritheann chun foscaidh.
Is oth liom gur thei orm fáilte a chur roimhe.

Nó bheith múinte roimh a fháiltesean.

Intruder

Dust coloured on grey flagstone,
a lizard – small, male – walks the kitchen floor
from bad weather wall to good weather wall.
Slowly he swings his tail
and lifts four elbows, one by one,
over his body as he walks.
Five fingers of each hand
feel the way.

He is young, my little dragon,
young as the frog
who made the same journey
in early summer.
Cowboys both,
blind to my hostility
and the change I made.
This house, empty and damp,
had been, for years, their prairie.

I accept the insects,
each creel of turf an immigrant ship.
Mouse and moth may share my space.
I accept, too,
the lore that frog and lizard bring good luck,
but I can't forget that generations ago
this lizard's dragon forebears terrorised.
When my fingers touch his skin
my skin crawls.

I take a postcard,
wait till his doubt declines
and he walks on.
I lift him to the dark yard and the rain
and pray he falls the right way up
and runs for cover.
I regret I lacked the grace
to welcome him.
Or accept, with grace, his welcome.

GRÉAGÓIR Ó DÚILL

Born in Dublin, raised in County Antrim and now dividing his time between Dublin, Belfast and the Donegal Gaeltacht, Gréagóir Ó Dúill is a full time writer and was Assistant Director of the Poets' House, Falcarragh, where he co-ordinated the M.A. programme in creative writing (poetry). He was recently appointed lecturer in Modern Literature in the Department of Irish and Celtic Studies in the Queen's University, Belfast.

As well as his own eight collections, he has edited two anthologies of contemporary poetry. He wrote a biography of the Belfast poet, translator and cultural administrator, Sir Samuel Ferguson. His selected verse was published in 2001.

He has gained prizes for poetry, short fiction and criticism as well as bursaries from the Arts Councils of both Ireland and Northern Ireland.

Publications:

Collections of poetry:
Innilt Bhóthair (1981), *Cliseadh* (1982), *Dubhthrian* (1985), *Blaoscoileán* (1988),
Crannóg agus Carn (1991), *Saothrú an Ghoirt* (1994), *GarbhAchadh* (1996)
and *An Fhuinneog Thuaidh* (2000, Coiscéim, Dublin)

Selected poetry:
Rogha Dánta 1965 – 2001 (2001, Cois Life/ Coiscéim, Dublin)

Selected translations to English:
Traverse (1998, Lapwing, Belfast)

Collection of short stories:
Mar Atá (1996, Coiscéim)

Anthologies:
Filíocht Uladh 1960 – 1985 (1986)
and *Fearann Pinn – filíocht 1900 – 1999* (2000, Coiscéim)

Biography:
Samuel Ferguson - beatha agus saothar (1993, An Clóchomhar, Dublin)

BERNIE KENNY
(née McNamara)

Born in Co. Clare, Bernie Kenny now lives in Dalkey, Co. Dublin. A primary teacher, she took the Lancaster University M.A. in creative writing (poetry) at the Poets' House. She has six adult children.

Her poetry has been published in *Away from the Tribe*, *Mini Sagas*, *Wildeside*, *Scribblers* and *Rising Tide* and she published her first collection *Poulnabrone* in 2002 and her second, *Progeny* in 2004. She is currently preparing her second collection. Her translations from the Irish have appeared in *Poulnabrone* and were also shortlisted by and published in *the Shop*. She co-ordinates a writers' workshop, *the Shed Poets*, in Dalkey and is a member of the Bealtaine group based in the Irish Writers' Centre.